Selected Opera Arias
BARITONE

*10 Essential Arias with Plot Notes, International Phonetic Alphabet,
Recorded Diction Lessons and Recorded Accompaniments*

Extracted from the *G. Schirmer Opera Anthology*, edited by Robert L. Larsen

Translations
Martha Gerhart

International Phonetic Alphabet
Martha Gerhart, Italian and French
Irene Spiegleman, German

Diction Recordings
Corradina Caporello, Italian
Pierre Vallet, French
Irene Spiegelman, German

Each aria text has two recordings: a recitation, and then a slowly spoken diction lesson.

Accompaniment Recordings
Laura Ward, piano

To access companion recorded diction lessons and accompaniments online,
visit: **www.halleonard.com/mylibrary**

Enter Code
1115-4026-3395-6630

ISBN 978-1-4950-3094-9

G. SCHIRMER, *Inc.*

DISTRIBUTED BY

7777 W. BLUEMOUND RD. P.O. BOX 13819 MILWAUKEE, WI 53213

www.musicsalesclassical.com
www.halleonard.com

Baritone

RELATED ONLINE RESOURCES

Enter the unique a code on the title page to access the following resources at
www.halleonard.com/mylibrary

1. **Recorded Diction Lessons**

   Each aria text is recorded twice:

   - A recitation by a native speaker of the text in a sympathetic speaking tone, from which the listener can hear the natural flow of the words

   - A slow and deliberate, phrase by phrase diction lesson with the native speaker coach, with the student repeating after the teacher

2. **Recorded Piano Accompaniments**

3. **Instructions for using the International Phonetic Alphabet Transliterations (PDFs)**

   The following articles and charts explain the approach used in citing the IPA symbols for consonants and vowels with an English equivalent, and also address any special issues of diction in the language.

   - "About the Italian IPA Transliterations" by Martha Gerhart

   - "About the French IPA Transliterations" by Martha Gerhart

   - "About the German IPA Transliterations" by Irene Spiegelman

CONTENTS

The price of this publication includes access to companion recorded diction lessons and accompaniments online, for download or streaming, using the unique code found on the title page.
Visit **www.halleonard.com/mylibrary** and enter the access code.

NOTES AND TRANSLATIONS

COSÌ FAN TUTTE
(Women Are Like That)
1790
music by Wolfgang Amadeus Mozart
libretto by Lorenzo da Ponte

Donne mie, la fate a tanti

from Act II, scene 2
setting: Naples, the 18th century; a pleasant garden at the seashore
character: Guglielmo

The young soldiers, Ferrando and Guglielmo, have made a wager with their friend, the aging bachelor Don Alfonso, that their girlfriends will remain faithful to them despite any temptations. Disguised as Albanians as part of the wager, they pursue the ladies. In Act II, though Guglielmo's Fiordiligi has resisted the advances of Ferrando, Dorabella, Ferrando's lady love, has succumbed to the entreaties of the disguised Guglielmo, who rages at the deceit and faithlessness of womankind.

Donne mie, la fate a tanti	*My ladies, you dupe so many men*
che, se il ver vi deggio dir,	*that—if I must tell you the truth—*
se si lagnano gli amanti	*if your lovers complain,*
li commincio a compatir.	*I begin to sympathize with them.*
Io vo' bene al sesso vostro—	*I am very fond of your sex—*
lo sapete, ognun lo sà.	*you know it; everyone knows it.*
Ogni giorno ve lo mostro;	*Every day I prove it to you;*
vi do segno d'amistà.	*I give you signs of friendship.*
Ma quel farla	*But that duping*
a tanti e tanti,	*of so many, many men*
m'avvilisce in verità.	*disheartens me, in truth.*
Mille volte il brando presi	*A thousand times I've drawn my sword*
per salvar il vostro onor;	*to save your honor;*
mille volta vi difesi	*a thousand times I've defended you*
colla bocca e più col cor.	*with my lips, and more with my heart.*
Ma quel farla a tanti e tanti	*But that duping of so many, many men*
è un vizietto seccator.	*is an annoying little vice.*
Siete vaghe; siete amabili.	*You are lovely; you are lovable.*
Più tesori il ciel vi diè,	*Many gifts heaven bestowed on you,*
e le grazie vi circondano	*and graces surround you*
dalla testa sino ai piè.	*from head to foot.*
Ma, la fate a tanti e tanti	*But, you dupe so many, many men*
che credibile non è.	*that it is incredible.*
Io vo'bene al sesso vostro;	*I am very fond of your sex;*
ve lo mostro.	*I prove it to you.*
Mille volte il brando presi;	*A thousand times I've drawn my sword;*
vi difesi.	*I've defended you.*
Gran tesori il ciel vi diè,	*Great gifts heaven bestowed on you,*
sino ai piè.	*right down to your feet.*
Ma, la fate a tanti e tanti	*But you dupe so many, many men*
che se gridano gli amanti	*that, if your lovers protest,*
hanno certo un gran perchè.	*they certainly have a very good reason.*

DON GIOVANNI
1787
music by Wolfgang Amadeus Mozart
libretto by Lorenzo da Ponte (after Giovanni Bertati's libretto for Giuseppe Gazzaniga's opera *Il convitato di pietra*; also after the Don Juan legends)

Fin ch'han dal vino

from Act I, scene 4
setting: near Seville, the 17th century (often played as the 18th century); the garden of Don Giovanni's estate
character: Don Giovanni

Giovanni tells Leporello, his servant, of the party he plans for the peasant couple, Zerlina and Masetto, and their friends. Drinking and feasting, and lovemaking will reign supreme.

Fin ch'han dal vino calda la testa,	*Until their heads are hot from the wine,*
una gran festa fa'preparar.	*have a grand party prepared.*
Se trovi in piazza qualche ragazza,	*If you find some girl in the piazza,*
teco ancor quella cera menar.	*try to bring her with you too.*
Senza alcun ordine la danza sia,	*Let the dancing be without any order;*
Chi'l minuetto, chi la follia,	*you will make some dance the minuet,*
chi l'alemanna farai ballar.	*some the follia, some the allemande.*
Ed io fra tanto dall'altro canto	*And meanwhile I, in the other corner,*
con questa e quella vo' amoreggiar.	*want to flirt with this girl and that one.*
Ah, la mia lista doman mattina	*Ah, tomorrow morning you should augment*
d'una decina devi aumentar.	*my catalogue by about ten.*

Deh, vieni alla finestra

from Act II, scene 1
setting: Seville, the 17th century (often played as the 18th century); a street in front of the house where Donna Elvira is staying; night
character: Don Giovanni

The Don picks up his mandolin and serenades the maid servant of Donna Elvira from beneath her window.

Deh, vieni alla finestra,	*Pray, come to the window,*
o mio tesoro.	*oh my treasure.*
Deh, vieni a consolar	*Pray, come console*
il pianto mio.	*my weeping.*
Se neghi a me di dar	*If you refuse to grant me*
qualche ristoro,	*some solace,*
davanti agli occhi tuoi	*before your eyes*
morir vogl'io.	*I want to die.*
Tu ch'hai la bocca	*You whose mouth is*
dolce più che il miele—	*more sweet than honey—*
tu che il zucchero porti	*you who bear sugar*
in mezzo al core—	*in your heart of hearts—*
non esser, gioia mia,	*do not, my delight, be*
con me crudele.	*cruel with me.*
Lasciati almen veder,	*At least let yourself be seen,*
mio bell'amore.	*my beautiful love.*

DON PASQUALE

1843
music by Gaetano Donizetti
libretto by the composer and Giovanni Ruffini (after Aneli's libretto for Pavesi's *Ser Marc' Antonio*)

Bella siccome un angelo

from Act I, scene 1
setting: Rome, the 19th century; the house of Don Pasquale
character: Dr. Malatesta

Dr. Malatesta is a friend of the bachelor Don Pasquale. When the old codger commissions the doctor to find for him a suitable spouse, Malatesta proposes his fictitious sister as the perfect bride.

Bella siccome un angelo	*Beautiful as an angel*
in terra pellegrino,	*on a pilgrimage to earth,*
fresca siccome il giglio	*fresh as the lily*
che s'apre sul mattino,	*that opens upon the morning,*
occhio che parla e ride,	*eyes that speak and laugh,*
sgardo che i cor conquide,	*a glance that conquers hearts,*
chioma che vince l'ebano,	*hair that transcends ebony,*
sorriso incantator . . .	*an enchanting smile . . .*
Alma innocente, ingenua,	*An innocent, ingenuous soul*
che sè medesma ignora,	*that disregards itself,*
modestia impareggiabile,	*incomparable modesty,*
bontà che v'innamora . . .	*goodness that makes you fall in love . . .*
Ai miseri pietosa,	*Merciful to the poor,*
gentil, dolce, amorosa . . .	*gentle, sweet, affectionate . . .*
Il ciel l'ha fatta nascere	*Heaven made her be born*
per far beato un cor.	*in order to make a heart happy.*

L'ELISIR D'AMORE
(The Elixir of Love)

1832
music by Gaetano Donizetti
libretto by Felice Romani (after Eugène Scribe's libretto for Daniel-François Auber's *Le Philtre*)

Come Paride vezzoso

from Act I, scene 2
setting: near an Italian village, the 19th century; the lawn of Adina's estate; early afternoon
character: Belcore

Segeant Belcore marches with his men onto Adina's estate. Then, with swaggering bravado, he presents her with a bouquet of flowers in token of his love.

Come Paride vezzoso porse il pomo	*As gracious Paris offered the apple*
alla più bella,	*to the most beautiful woman,*
mia diletta villanelle,	*my delightful peasant girl,*

io ti porgo questi fior.	*I offer you these flowers.*
Ma di lui più glorioso,	*But I am more proud,*
più di lui felice io sono,	*more happy than he,*
poichè in premio del mio dono	*since in reward for my gift*
ne riporto	*I carry away*
il tuo belo cor.	*your beautiful heart.*
Veggo chiaro in quel vision	*I see clearly in that little face*
ch'io fu breccia nel tuo petto.	*that I'm winding my way into your breast*
Non è cosa sorprendente;	*That's nothing surprising;*
son galante, e son sargente.	*I'm gallant, and I'm a sergeant.*
Non v'ha bella che resista	*There is not a beautiful woman who resists*
alla vista d'un cimiero;	*the sight of a military crest;*
cede a Marte, Dio guerriero,	*even the Mother of Love yields*
fin la madre dell'Amor.	*to Mars, the god of war.*

HAMLET
1868
music by Ambroise Thomas
libretto by Jules Barbier and Michel Carré (after the tragedy by William Shakespeare)

Ô vin, dissipe la tristesse

from Act II
setting: Elsinore in Denmark; the garden of the palace
character: Hamlet

As Hamlet launches his plot to implicate King Claudius in the death of his father, he incites the courtiers to make merry in this drinking song.

Ô vin, dissipe la tristesse	*Oh wine, dispel the sadness*
qui pèse sur mon cœur!	*that weighs on my heart!*
À moi les rêves de l'ivresse	*Give me the illusions of intoxication*
et le rire moqueur!	*and the mocking laughter!*
Ô liqueur echanteresse,	*Oh enchanting liqueur,*
verse l'ivresse	*pour intoxication*
et l'oubli dans mon cœur!	*and oblivion into my heart!*
Douce liqueur!	*Sweet liqueur!*
La vie est sombre;	*Life is gloomy;*
les ans sont courts.	*the years are short.*
De nos beaux jours	*Of our happy days*
Dieu sait le nombre.	*God knows the number.*
Chacun, hélas! porte ici-bas	*Each man, alas, bears here on earth*
sa lourde chaîne—	*his heavy chain—*
cruels devoirs,	*cruel duties,*
longs désespoirs de l'âme humaine!	*lasting afflictions of the human soul!*
Loin de nous, noirs présages!	*Away from us, dark forebodings!*
Les plus sages sont les fous!	*The wisest ones are the fools!*
Ah!	*Ah!*
Le vin dissipe la tristesse	*Wine dispels the sadness*
qui pèse sur mon cœur!	*that weighs upon my heart!*
Verse-nous l'ivresse!	*Pour intoxication upon us!*

LE NOZZE DI FIGARO
(The Marriage of Figaro)
1786
music by Wolfgang Amadeus Mozart
libretto by Lorenzo da Ponte (after *La Folle Journée, ou Le Mariage de Figaro*, a comedy by Pierre Augustin Caron de Beaumarchais)

Hai già vinta la causa! . . . Vedrò mentr'io sospiro

from Act III
setting: near Seville, the 17th century; the castle of Count Almaviva; evening
character: Count Almaviva

Count Almaviva thinks that he has succeeded in making arrangements for a tryst with Susanna, maid to the Countess, in the garden of the castle on the very night of her marriage to his valet, Figaro. A legal problem, exaggerated and encouraged by the Count and his supporters, could yet prevent the couple's marriage. But when the Count overhears Susanna and Figaro gloating that they will win the case, he launches into a tirade of anger and frustration.

Hai già vinta la causa!	*"You have already won the case!"*
Cosa sento!	*What do I hear!*
In qual laccio cadea?	*Into what trap did I fall?*
Perfidi!	*Traitors!*
Io voglio di tal modo punirvi;	*I want to punish you badly;*
a piacer mio la sentenza sarà.	*the verdict will be as I please.*
Ma s'ei pagasse la vecchia pretendente?	*But if he should pay the old pretender?*
Pargarla! In qual maniera?	*Pay her! In what way?*
E poi v'è Antonio,	*And then there's Antonio,*
che all'incognito Figaro	*who to the insignificant Figaro*
ricusa di dare una nipote in matrimonio.	*refuses to give a niece in marriage.*
Coltivando l'orgoglio	*Cultivating the pride*
di questo mentecatto,	*of this fool,*
tutto giova a un raggiro.	*everything is useful for a deception.*
Il colpo è fatto.	*The die is cast.*
Vedrò, mentr'io sospiro,	*Shall I see one of my servants happy,*
felice un servo mio?	*while I languish?*
E un ben che invan desio	*And must he possess a treasure*
ei posseder dovrà?	*which I desire in vain?*
Vedrò per man d'amore,	*Shall I see the one who aroused*
unita a un vile oggetto	*in me a desire which she, then,*
chi in me destò un affetto,	*doesn't have for me, united by the hand*
che per me poi non ha?	*of love to a miserable creature?*
Vedrò che un ben ch'io desio,	*Shall I see that he will possess*
ei posseder dovrà?	*a treasure I desire?*
Vedrò?	*Shall I see that?*
Ah no! lasciarti in pace	*Ah, no, I don't wish you this satisfaction*
non vo' questo contento.	*of being left in peace.*
Tu non nascesti, audace,	*You were not born, audacious one,*
per dare a me tormento,	*to give me torment*
e forse ancor per ridere	*and, furthermore, to laugh*
di mia infelicità.	*at my unhappiness.*
Già la speranza sola	*Already the lone hope*
delle vendetta mie	*of my vindications*

quest'anima consola,
e giubilar mi fa.

comforts this soul
and makes me rejoice.

LA TRAVIATA
(The Fallen Woman)
1853
music by Giuseppe Verdi
libretto by Francesco Maria Piave (after the play *La Dame aux Carmélias* by Alexandre Dumas, fils)

Di Provenza il mar, il suol

from Act II
setting: near Paris, 1850; a country house
character: Giorgio Germont

Having discovered that his son Alfredo is living with the courtesan Violetta Valery on a country estate near Paris, Giorgio Germont comes to convince the woman to leave him in order to save the family's name. She responds to his entreaties and pens a note to her lover, telling him that she is returning to her life in Paris. After she leaves, Alfredo returns, reads the notes, and is heartbroken. His father attempts to console him.

Di Provenza il mar, il suol
    chi dal cor ti cancellò?
Al natio fulgente sol
    qual destino ti furò?
Oh rammenta pur nel duol
chi'ivi gioia a te brillò,
e che pace colà sol
su te splendere ancor può.
Dio mi guidò!

Who erased the sea, the soil
    of Provence from your heart?
What destiny stole you away
    from your native, resplendent sun?
Oh, do remember in your sorrow
that joy glowed in you there
and that there alone peace
can still shine upon you.
God has guided me!

Ah, il tuo vecchio genitor
    tu non sai quanto soffrì!
Te lontano, di squalor
    il suo tetto si coprì.
Ma se alfin ti trovo ancor,
se in me speme non fallì,
se la voce dell'onor
in te appien non ammutì,
Dio m'esaudì!

Ah, you don't know how much
    your old father has suffered!
With you far away, his home
    became full of misery.
But if in the end I find you again,
if hope didn't fail in me,
if the voice of honor
didn't become completely silenced in you,
God has heard me!

DIE ZAUBERFLÖTE
(The Magic Flute)
1791
music by Wolfgang Amadeus Mozart
libretto by Emanuel Schikaneder (loosely based on a fairytale by Wieland)

Der Vogelfänger bin ich ja

from Act I, scene 1
setting: Legendary; a wild and rocky landscape
character: Papageno

Papageno, a birdcatcher for the Queen of the Night, makes his entrance in Act I playing his Pan's pipes. He proceeds to introduce himself to the audience.

Der Vogelfänger bin ich ja,	*I am the bird-catcher,*
stets lustig heißa hopsasa!	*always jolly: yippee hippety hop!*
Ich Vogelfänger bin bekannt	*As bird-catcher I'm well-known*
bei Alt und Jung im ganzen Land.	*by old and young in the whole land.*
Weiß mit dem Lokken umzugehn,	*I know how to handle the bait,*
und mich aufs Pfeifen zu verstehn!	*and how to work the panpipes!*
Drum kann ich froh und lustig sein,	*Therefore I can be happy and jolly,*
denn alle Vögel sind ja mein.	*for all the birds are truly mine.*
Ein Netz für Mädchen möchte ich;	*I'd like a net for girls;*
ich fing sie dutzendweis für mich!	*I'd capture them for myself by the dozens!*
Dann sperrte ich sie bei mir ein,	*Then I'd shut them up with me,*
und alle Mädchen wären mein.	*and all the girls would be mine.*
Wenn alle Mädchen wären mein,	*If all the girls were mine,*
so tauschte ich brav Zukker ein.	*then I'd exchange them for fine sugar.*
Die welche mir am liebsten wär,'	*The one who was my favorite—*
der gäb' ich gleich den Zukker her.	*to her I'd gladly hand over the sugar.*
Und küßte sie mich zärtlich dann,	*And if she kissed me sweetly then,*
wär' sie mein Weib und ich ihr Mann.	*she'd be my wife, and I her husband.*
Sie schlief an meiner Seite ein;	*She'd sleep by my side;*
ich wiegte wie ein Kind sie ein.	*I'd rock her to sleep like a child.*

Ein Mädchen oder Weibchen

from Act II, scene 5
setting: Legendary; the inner shrine of the sacred brotherhood
character: Papageno

One of the priests of Sarastro's court has just told Papageno that he can never attain the lofty circle of the chosen ones. Papageno replies that he doesn't care a bit and that his only desire at the moment is for a glass of wine. The wine miraculously appears, and under its influence Papageno sings, accompanying himself on his magic bells.

Ein Mädchen oder Weibchen
wünscht Papageno sich.
O, so ein sanftes Täubchen
wär' Seligkeit für mich.

A sweetheart or a little wife
Papageno wants for himself.
Oh, such a soft little dove
would be bliss for me.

Dann schmeckte mir Trinken und Essen;
dann könnt' ich mit Fürsten mich messen,
des Lebens als Weiser mich freun,
und wie im Elysium sein.

Then I'd enjoy drinking and eating;
then I'd rank myself with princes,
be happy as a philosopher of life,
and be as if in Elysium.

Ach, kann ich denn keiner von allen
    den reizenden Mädchen gefallen?
Helf' eine mir nur aus der Not,
sonst gräm' ich mich wahrlich zu Tod.

Alas, so I can't be pleasing to
    one among all the charming girls?
May just one help me out of my need,
or else I'll surely die of a broken heart.

Wird keine mir Liebe gewähren,
so muß mich die Flamme verzehren;
doch küßt mich ein weiblicher Mund,
so bin ich schon wieder gesund.

If no one will grant me love,
then the flame must consume me;
but if a womanly mouth should kiss me,
then I'll be well again.

ABOUT THE ITALIAN IPA TRANSLITERATIONS
by Martha Gerhart

While the IPA is currently the diction learning tool of choice for singers not familiar with the foreign languages in which they sing, differences in transliterations exist in diction manuals and on the internet, just as differences of pronunciation exist in the Italian language itself.

The Italian transliterations in this volume reflect the following choices:

All unstressed "e's" and "o's" are *closed*. This choice is based on the highest form of the spoken language, as in the authoritative Italian dictionary edited by Zingarelli. However, in practice, singers may well make individual choices as to *closed* or *open* depending upon the vocal tessitura and technical priorities.

Also, there are many Italian words (such as "sento," "cielo," and etc.) for which, in practice, both *closed* and *open* vowels in the *stressed* syllable are perfectly acceptable.

The "nasal 'm'" symbol [ɱ], indicating that the letter "n" assimilates before a "v" or an "f" (such as "inferno" becoming [im ˈfɛr rr] in execution, is not used in these transliterations. This choice was a practical one to avoid confusion on the part of the student who might wonder why "in" is transcribed as if it were "im," unlike in any dictionary. However, students are encouraged to use the [ɱ] as advised by experts.

Double consonants which result, in execution, from *phrasal doubling* (*raddoppiamento sintattico*) are not transliterated as such; but students should utilize this sophistication of Italian lyric diction as appropriate.

The syllabic divisions in these transliterations are in the interest of encouraging the singer to lengthen the vowel before a single consonant rather than making an incorrect double consonant, and also to encourage the singer, when there are two consonants, the first of which is *l, m, n*, or *r*, to give more strength to the first of those two consonants.

Intervocalic "s's" are transliterated as *voiced*, despite the fact that in many words ("casa," "così," etc.) the "s" is *unvoiced* in the language (and in the above-mentioned dictionary). Preferred practice for singers is to *voice* those "s's" in the interest of legato; yet, an unvoiced "s" pronunciation in those cases is not incorrect. (*Note*: words which combine a prefix and a stem beginning with an unvoiced "s" ["risolvi," "risanare," etc.] retain the unvoiced "s" of the prefix in singing as well as in speech.)

Many Italian words have alternate pronunciations given in the best dictionaries, particularly regarding closed or open vowels. In my IPA transliterations I chose the first given pronunciation, which is not always the preferred pronunciation in common Italian usage as spoken by Corradina Caporello on the accompanying recordings. I defer to my respected colleague in all cases for her expert pronunciation of beautiful Italian diction.

Pronunciation Key

IPA Symbol	Approximate sound in English	IPA Symbol	Approximate sound in English
[i]	feet	[s]	set
[e]	potato	[z]	zip
[ɛ]	bed	[l]	lip
[a]	father	[ʎ]	million
[ɔ]	taut		
[o]	tote	[ɾ]	as *British* "very" – flipped "r"
[u]	tube	[r]	no English equivalent – rolled "r"
[j]	Yale		
[w]	watch	[n]	name
		[m]	mop
[b]	beg	[ŋ]	anchor
[p]	pet	[ɲ]	onion
[d]	deep	[tʃ]	cheese
[t]	top	[dʒ]	George
[g]	Gordon	[dz]	feeds
[k]	kit	[ts]	fits
[v]	vet		
[f]	fit	[:]	indicates doubled consonants
[ʃ]	she	[ˈ]	indicates the primary stress; the syllable following the mark is stressed

ABOUT THE FRENCH IPA TRANSLITERATIONS
by Martha Gerhart

Following is a table of pronunciation for French lyric diction in singing as transliterated in this volume.

THE VOWELS

symbol	nearest equivalent in English	descriptive notes
[ɑ]	as in "father"	the "dark 'a'"
[a]	in English only in dialect; comparable to the Italian "a"	the "bright 'a'"
[e]	no equivalent in English; as in the German "Schnee"	the "closed 'e'": [i] in the [ɛ] position
[ɛ]	as in "bet"	the "open 'e'"
[i]	as in "feet"	
[o]	no equivalent in English as a pure vowel; approximately as in "open"	the "closed 'o'"
[ɔ]	as in "ought"	the "open 'o'"
[u]	as in "blue"	
[y]	no equivalent in English	[i] sustained with the lips rounded to a [u] position
[ø]	no equivalent in English	[e] sustained with the lips rounded almost to [u]
[œ] *	as in "earth" without pronouncing any "r"	[ɛ] with lips in the [ɔ] position
[ã]	no equivalent in English	the nasal "a": [ɔ] with nasal resonance added
[ɔ̃]	no equivalent in English	the nasal "o": [o] with nasal resonance added
[ɛ̃]	no equivalent in English	the nasal "e": as in English "cat" with nasal resonance added
[œ̃]	no equivalent in English	the nasal "œ": as in English "uh, huh" with nasal resonance added

> * Some diction manuals transliterate the neutral, unstressed syllables in French as a "schwa" [ə].
> Refer to authoritative published sources concerning such sophistications of French lyric diction.

THE SEMI-CONSONANTS

symbol	nearest equivalent in English	descriptive notes
[ɥ]	no equivalent in English	a [y] in the tongue position of [i] and the lip position of [u]
[j]	as in "ewe," "yes"	a "glide"
[w]	as in "we," "want"	

14

THE CONSONANTS

[b]	as in "bad"	with a few exceptions
[c]	[k], as in "cart"	with some exceptions
[ç]	as in "sun"	when initial or medial, before *a*, *o*, or *u*
[d]	usually, as in "door"	becomes [t] in liaison
[f]	usually, as in "foot"	becomes [v] in liaison
[g]	usually, as in "gate"	becomes [k] in liaison; see also [ʒ]
[k]	as in "kite"	
[l]	as in "lift"	with some exceptions
[m]	as in "mint"	with a few exceptions
[n]	as in "nose"	with a few exceptions
[ɲ]	as in "onion"	almost always the pronunciation of the "gn" combination
[p]	as in "pass"	except when silent (final) and in a few rare words
[r] *	no equivalent in English	flipped (or occasionally rolled) "r"
[s]	as in "solo"	with exceptions; becomes [z] in liaison
[t]	as in "tooth"	with some exceptions
[v]	as in "voice"	
[x]	[ks] as in "extra," [gz] as in "exist," [z] as in "Oz," or [s] as in "sent"	becomes [z] in liaison
[z]	as in "zone"	with some exceptions
[ʒ]	as in "rouge"	usually, "g" when initial or mediant before *e*, *i*, or *y*; also, "j" in any position
[ʃ]	as in "shoe"	

* The conversational "uvular 'r'" is used in popular French song and cabaret but is not considered appropriate for singing in the classical repertoire.

LIAISON AND ELISION

Liaison is common in French. It is the sounding (linking) of a normally silent final consonant with the vowel (or mute h) beginning the next word. Its use follows certain rules; apart from the rules, the final choice as to whether or not to make a liaison depends on good taste and/or the advice of experts.

Examples of liaison, with their IPA:

les oiseaux   est ici
lɛ‿ zwa zo   ɛ‿ ti si

Elision is the linking of a consonant followed by a final unstressed *e* with the vowel (or mute *h*) beginning the next word.

examples, with their IPA: elle est   votre âme
ɛ‿ lɛ   vɔ‿ trɑ mœ

The linking symbol [‿] is given in these transliterations for both **elision** and for (recommended) **liaisons**.

ABOUT THE GERMAN IPA TRANSLITERATIONS
by Irene Spiegelman

TRANSLATIONS

As every singer has experienced, word-by-word translations are usually awkward, often not understandable, especially in German where the verb usually is split up with one part in second position of the main clause and the rest at the end of the sentence. Sometimes it is a second verb, sometimes it is a little word that looks like a preposition. Since prepositions never come by themselves, these are usually *separable prefixes to the verb*. In order to look up the meaning of the verb this prefix has to be reunited with the verb in order to find the correct meaning in the dictionary. They cannot be looked up by themselves. Therefore, in the word-by-word translation they are marked with [1]) and do not show any words.

Note: In verbs with separable prefixes, the prefix gets the emphasis. If a separable prefix appears at the end of the sentence, it still needs to be stressed and since many of them start with vowels they even might be glottaled for emphasis.

Also, there are many *reflexive verbs* in German that are not reflexive in English, also the reflexive version of a verb in German often means something very different than the meaning found if the verb is looked up by itself. Reflexive pronouns that are grammatically necessary but do not have a meaning by themselves do not show a translation underneath. They are marked with [2]).

Another difference in the use of English and German is that German is using the Present Perfect Tense of the verb where English prefers the use of the Simple Past of the verb. In cases like that, the translation appears under the conjugated part of the verb and none underneath the past participle of the verb at the end of the sentence. Those cases are marked with [3]).

One last note concerning the translations: English uses possessive pronouns much more often then German does. So der/die/das in German have at appropriate points been translated as my/your/his.

PRONUNCIATION (EXTENDED IPA SYMBOLS)

The IPA symbols that have been used for the German arias are basically those used in Langenscheidt dictionaries. Other publications have refined some symbols, but after working with young singers for a long time, I find that they usually don't remember which is which sign when the ones for long closed vowels (a and ɑ, or ʏ and y) are too close, and especially with the signs for the open and closed u-umlauts they usually cannot tell which they handwrote into their scores. To make sure that a vowel should be closed there is ":" behind the symbol, i.e. [by:p laɪn]

After having been encouraged to sing on a vowel as long as possible, often the consonants are cut too short. The rule is, **"Vowels can be used to make your voice shine, consonants will help your interpretation!"** This is very often totally neglected in favor of long vowels, even when the vowels are supposed to be short. Therefore, double consonants show up here in the IPA line. This suggests that they should at least not be neglected. There are voiced consonants on which it is easy to sing (l, m, n) and often give the text an additional dimension. That is not true for explosive consonants (d, t, k), but they open the vowels right in front of them. So the double consonants in these words serve here as reminders. German does not require to double the consonants the way Italian does, but that Italian technique might help to move more quickly to the consonant, and therefore open the vowel or at least don't stretch it, which sometimes turns it into a word with a different meaning altogether.

One idea that is heard over and over again is: "There is no legato in German." The suggestions that are marked here with ⇨ in the IPA line show that **that is not true.** Always elided can be words ending in a vowel with the next word beginning with a vowel. Words that end with a -t sound can be combined with the next word that starts with a t- or a d-. A word ending in -n can be connected to the following beginning -n. But words ending in consonants can also be elided with the next word starting with a vowel. (example: Dann [dan⇨n] könnt' [kœn⇨n⇨] ich [⇨tɪç] mit [mɪt] Fürsten ['fʏr stən] mich ['mɛs⇨sən]). In this example, the arrow symbol suggests to use the double consonant, but also that the end-t in "könnt'" could be used at the beginning of "ich" which makes the word "ich" much less important (which it usually is in German), and could help to shape the words "Fürsten" and "messen" with more importance.

Within the IPA line, sometimes the "⇨" symbol is only at the end of a word and means that combining this word with the next is absolutely possible if it helps the interpretation of the text or the singer does not want to interrupt the beauty of the musical line. The same fact is true if the "⇨" symbol appears within a word and suggests combining syllables. (Since English syllables are viewed differently than German syllables, the IPA line is broken down into German syllables with suggestions for vocal combinations.) The only consonant that should not be combined with the next word is "r," because there are too many combinations that form new words (example: der Eine, the one and only, should not become [de: raɪ nə], the pure one).

One last remark about pronunciation that seems to have become an issue in the last few years: How does one pronounce the a-umlaut = ä. Some singers have been told in their diction classes that ä is pronounced like a closed e. That may be the case in casual language and can be heard on German television. But when the texts that we are dealing with were written the sound was either a long or short open e sound ['mɛ: tçən, ʃpɛːt, 'hɛl tə].

Considering the language, how does one make one's voice shine and still use the text for a sensible interpretation? Look for the words within a phrase that are important to you as the interpreter, as the person who believes what he/she is conveying. In those words use the consonants as extensively as possible. [zzze: llə] and [lllli: bə] are usually more expressive than [ze: lə] and [li: bə] , also glottal the beginning vowels. Use the surrounding words for singing legato and show off the voice.

The IPA line not only shows correct pronunciation but is also giving guidelines for interpretation. For instance, R's may be rolled or flipped, or words may be connected or separated at any time as long as they help you with your feeling for the drama of the text. But you are the person who has to decide! Be discriminating! Know what you want to say! Your language will fit with the music perfectly.

THE "R" IN GERMAN DICTION

When most Germans speak an "r" in front of a vowel, it is a sound produced between the far back of the tongue and the uvula, almost like a gargling sound. The r's at the end of syllables take on different sounds and often have a vowel-like quality.

In classical singing, the practice is to use "Italian r's". Since trilling the r at the tip of the tongue seems to be easy for most singers, many texts are rendered with any overdone r's, which are remotely possible. As a result, the r's take over the whole text and diminish the meaning and phrasing of the sentences. By being discriminating in using rolled r's in an opera text, the phrasing, i.e. interpretation, as well as the chance of understanding the sung text can be improved.

Essentially, there are three categories of words with different suggestions about the use of r's:

ALWAYS ROLL THE R	END-R'S IN SHORT ONE-SYLLABLE WORDS	END-R'S IN PREFIXES AND SUFFIXES
a) before vowels: **R**ose ['ro: zə] t**r**agen ['tra: gən] sp**r**echen ['ʃprɛ: xən] T**r**ug [tru:k] füh**r**en ['fy: rən] b) after vowels in the main syllable of the word: be**r**gen ['bɛr gən] He**r**z [hɛrts] Schwe**r**t [ʃve:rt] du**r**ch [dʊrç] gewo**r**ben [gə 'vɔr bən] ha**r**t [hart]	End-r's in short one-syllable words that have a closed vowel can be replaced with a short a-vowel, marked in the IPA line with ᵃ. der [de:ᵃ] er [e:ᵃ] wir [vi:ᵃ] hier [hi:ᵃ] vor [fo:ᵃ] nur [nu:ᵃ] **Note:** **After an a-vowel a replacement of r by ᵃ would not sound. Therefore end-r's after any a should be rolled.** **war [va:r]** **gar [ga:r]**	Prefixes: ver- er- zer- Here, e and r could be pronounced as a schwa-sound, almost like a short open e combined with a very short ᵃ. If desired, the r could also be flipped with one little flip in order not to overpower the main part of the word which is coming up. In the IPA-line this is marked with ʀ. verbergen [fɛʀ 'bɛr gən] erklären [ɛʀ 'klɛ: rən] Suffix: -er These suffixes are most of the time not important for the interpretation of the text. Therefore, the schwa-sound as explained above works in most cases very well. It is marked in the IPA-line with ɚ. e-Suffixes are marked with ə. guter ['gu: tɚ] gute ['gu: tə] Winter ['vɪn tɚ] Meistersinger ['maɪ stɚ sɪ ŋɚ] (compound noun, both parts end in -er)

INTERNATIONAL PHONETIC ALPHABET TRANSLITERATIONS BY ARIA

COSÌ FAN TUTTE
music: Wolfgang Amadeus Mozart
libretto: Lorenzo da Ponte

Donne mie, la fate a tanti

ˈdɔn: ne	ˈmi e	la	ˈfa te	a	ˈtan ti
Donne	**mie,**	**la**	**fate**	**a**	**tanti**
ladies	*mine*	*it*	*you do*	*to*	*so many*

ke	se	il	ver	vi	ˈdɛd: dʒo	dir
che,	**se**	**il**	**ver**	**vi**	**deggio**	**dir,**
that	*if*	*the*	*truth*	*you*	*I must*	*[to] tell*

se	si	ˈlaɲ: ɲa no	ʎi	a ˈman ti
se	**si**	**lagnano**	**gli**	**amanti**
if	*[they] complain*		*the*	*lovers*

li	kom: ˈmin tʃo	a	kom pa ˈtir
li	**comincio**	**a**	**compatir.**
them	*I begin*	*to*	*[to] sympathize with*

ˈi o	vɔ	ˈbɛ ne	al	ˈsɛs: so	ˈvɔ stro
Io	**vo'**	**bene**	**al**	**sesso**	**vostro—**
I	*[I] wish*	*well*	*to the*	*sex*	*yours*

lo	sa ˈpe te	oɲ: ˈɲun	lo	sa
lo	**sapete,**	**ognun**	**lo**	**sà.**
it	*you know*	*everyone*	*it*	*knows*

ˈoɲ: ɲi	ˈdʒor no	ve	lo	ˈmo stro
Ogni	**giorno**	**ve**	**lo**	**mostro;**
every	*day*	*to you*	*it*	*I show*

vi	dɔ	ˈseɲ: ɲo	da mi ˈsta
vi	**do**	**segno**	**d'amistà.**
to you	*I give*	*sign*	*of friendship*

ma	kwel	ˈfar la
Ma	**quel**	**farla**
but	*that*	*doing it*

a	ˈtan ti	e	ˈtan ti
a	**tanti**	**e**	**tanti,**
to	*so many*	*and*	*so many*

mav: vi	ˈliʃ: ʃe	in	ve ɾi ˈta
m'avvilisce		**in**	**verità.**
me disheartens		*in*	*truth*

ˈmil: le	ˈvɔl te	il	ˈbran do	ˈpre zi
Mille	**volte**	**il**	**brando**	**presi**
thousand	*times*	*the*	*sword*	*I took out*

per	sal ˈvar	il	ˈvɔ stro	o ˈnor
per	**salvar**	**il**	**vostro**	**onor;**
in order	*to save*	*the*	*your*	*honor*

ˈmil: le	ˈvɔl te	vi	di ˈfe zi
mille	**volte**	**vi**	**difesi**
thousand	*times*	*you*	*I defended*

ˈkol: la	ˈbok: ka	e	pju	kol	kɔr
colla	**bocca**	**e**	**più**	**col**	**cor.**
with the	*mouth*	*and*	*more*	*with the*	*heart*

ma kwel 'far la a 'tan ti e 'tan ti
Ma quel farla a tanti e tanti
but that doing it to so many and so many

ɛ un vit: 'tsjet: to sek: ka 'tor
è un vizietto seccator.
is a little vice annoying

'sjɛ te 'va ge 'sjɛ te a 'ma bi li
Siete vaghe; siete amabili.
you are lovely you are lovable

pju te 'zɔ ɾi il tʃɛl vi djɛ
Più tesori il ciel vi diè,
more treasures the heaven to you gave

e le 'grat: tsje vi tʃir 'kon da no
e le grazie vi circondano
and the graces you [they] surround

'dal: la 'tɛ sta 'si no 'a i pjɛ
dalla testa sino ai piè.
from the head as far as to the feet

ma la 'fa te a 'tan ti e 'tan ti
Ma, la fate a tanti e tanti
but it you do to so many and so many

ke kre 'di bi le non ɛ
che credibile non è.
that believable not it is

'i o vɔ 'bɛ ne al 'sɛs: so 'vɔ stro
Io vo' bene al sesso vostro;
I [I] wish well to the sex yours

ve lo 'mo stro
ve lo mostro.
to you it I show

'mil: le 'vɔl te il 'bran do 'pre zi
Mille volte il brando presi;
thousand times the sword I took out

vi di 'fe zi
vi difesi.
you I defended

gran te 'zɔ ɾi il tʃɛl vi djɛ
Gran tesori il ciel vi diè,
great treasures the heaven to you gave

'si no 'a i pjɛ
sino ai piè.
as far as to the feet

ma la 'fa te a 'tan ti e 'tan ti
Ma, la fate a tanti e tanti
but it you do to so many and so many

ke se 'gri da no ʎi a 'man ti
che se gridano gli amanti
that if [they] protest the lovers

'an: no 'tʃɛr to un gran per 'ke
hanno certo un gran perchè.
they have certainly a great reason

DON GIOVANNI

music: Wolfgang Amadeus Mozart

libretto: Lorenzo da Ponte (after Giovanni Bertati's libretto for Giuseppe Gazzaniga's *Il convitato di pietra*; also after the Don Juan legends)

Fin ch'han dal vino

fiŋ	ˈkan	dal	ˈvi no	ˈkal da	la	ˈtɛ sta
Fin ch'han	**dal**	**vino**	**calda**	**la**	**testa,**	
until they have	*from the*	*wine*	*hot*	*the*	*head*	

ˈu na	gran	ˈfɛ sta	fa	pre pa ˈɾar		
una	**gran**	**festa**	**fa'**	**preparar.**		
a	*big*	*party*	*make*	*to prepare*		

se	ˈtrɔ vi	in	ˈpjat: tsa	ˈkwal ke	ra ˈgat: tsa
Se	**trovi**	**in**	**piazza**	**qualche**	**ragazza,**
if	*you find*	*in*	*town square*	*some*	*girl*

ˈte ko	aŋ ˈkor	ˈkwel: la	ˈtʃer ka	me ˈnar
teco	**ancor**	**quella**	**cerca**	**menar.**
you with	*also*	*that one*	*try*	*to bring*

ˈsɛn tsa	al ˈkun	ˈor di ne	la	ˈdan tsa	ˈsi a
Senza	**alcun**	**ordine**	**la**	**danza**	**sia,**
without	*any*	*order*	*the*	*dance*	*let be*

kil	mi nu ˈet: to	ki	la	fol: ˈli a
chi'l	**minuetto,**	**chi**	**la**	**follia,**
some the	*minuet*	*some*	*the*	*follia*

ki	la le ˈman: na	fa ˈɾa i	bal: ˈlar
chi	**l'alemanna**	**farai**	**ballar.**
some	*the allemande*	*you will make*	*to dance*

e ˈdi o	fra ˈtan to	dal: ˈlal tro	ˈkan to
Ed io	**fra tanto**	**dall'altro**	**canto**
and I	*in the meantime*	*from the other*	*corner*

kon	ˈkwe sta	e	ˈkwel: la	vɔ	a mo ɾed: ˈdʒar
con	**questa**	**e**	**quella**	**vo'**	**amoreggiar.**
with	*this girl*	*and*	*that girl*	*I want*	*to flirt*

a	la	ˈmi a	ˈli sta	do ˈman	mat: ˈti na
Ah,	**la**	**mia**	**lista**	**doman**	**mattina**
ah	*the*	*my*	*list*	*tomorrow*	*morning*

ˈdu na	de ˈtʃi na	ˈdɛ vi	a u men ˈtar
d'una	**decina**	**devi**	**aumentar.**
by a	*ten or so*	*you ought*	*to lengthen*

Deh, vieni alla finestra

dɛ   'vjɛ ni   'al: la   fi 'nɛ stra
Deh,   vieni   alla   finestra,
please   come   to the   window

o   'mi o   te 'zɔ ɾo
o   mio   tesoro.
o   my   treasure

dɛ   'vjɛ ni   a   kon so 'lar
Deh,   vieni   a   consolar
please   come   to   [to] console

il   'pjan to   'mi o
il   pianto   mio.
the   weeping   mine

se   'ne gi   a   me   di   dar
Se   neghi   a   me   di   dar
if   you deny   to   me   of   to give

'kwal ke   ri 'stɔ ɾo
qualche   ristoro,
some   solace

da 'van ti   'aʎ: ʎi   'ɔk: ki   'two i
davanti   agli   occhi   tuoi
in front of   [at] the   eyes   yours

mo 'ɾir   vɔʎ: 'ʎi o
morir   vogl'io.
to die   want I

tu   'ka i   la   'bok: ka
Tu   ch'hai   la   bocca
you   who have   the   mouth

'dol tʃe   pju   ke   il   'mjɛ le
dolce   più   che   il   miele—
sweet   more   than   the   honey

tu   ke   il   'tsuk: ke ɾo   'pɔr ti
tu   che   il   zucchero   porti
you   who   the   sugar   bear

in   'mɛd: dzo   al   'kɔ ɾe
in   mezzo   al   core—
in   middle   of the   heart

non   'ɛs: ser   'dʒɔ ja   'mi a
non   esser,   gioia   mia,
not   be   joy   mine

kon   me   kru 'dɛ le
con   me   crudele.
with   me   cruel

'laʃ: ʃa ti   al 'men   ve 'der
Lasciati   almen   veder,
let yourself   at least   to see

'mi o   bɛl: la 'mo ɾe
mio   bell'amore.
my   beautiful love

DON PASQUALE

music: Gaetano Donizetti
libretto: Gaetano Donizetti and Giovanni Ruffini (after Aneli's libretto for Pavesi's *Ser Marc'Antonio*)

Bella siccome un angelo

'bɛl: la	sik: 'ko me	un	'an dʒe lo
Bella	**siccome**	**un**	**angelo**
beautiful	*as*	*an*	*angel*

in	'tɛr: ra	pel: le 'gri no
in	**terra**	**pellegrino,**
on	*earth*	*pilgrim*

'fre ska	sik: 'ko me	il	'dʒiʎ: ʎo
fresca	**siccome**	**il**	**giglio**
fresh	*as*	*the*	*lily*

ke	'sa pre	sul	mat: 'ti no
che	**s'apre**	**sul**	**mattino,**
which	*opens up*	*upon the*	*morning*

'ɔk: kjo	ke	'par la	e	'ri de
occhio	**che**	**parla**	**e**	**ride,**
eye	*which*	*speaks*	*and*	*laughs*

'zgwar do	ke	i	kɔr	kon 'kwi de
sguardo	**che**	**i**	**cor**	**conquide,**
glance	*which*	*the*	*hearts*	*conquers*

'kjɔ ma	ke	'vin tʃe	'lɛ ba no
chioma	**che**	**vince**	**l'ebano,**
hair	*which*	*surpasses*	*the ebony*

sor: 'ri zo	iŋ kan ta 'tor
sorriso	**incantator...**
smile	*enchanting*

'al ma	in: no 'tʃɛn te	in 'dʒɛ nu a
Alma	**innocente,**	**ingenua,**
soul	*innocent*	*ingenuous*

ke	se me 'dez ma	iɲ: 'ɲɔ ɾa
che	**sè medesma**	**ignora,**
which	*she herself*	*ignores*

mo 'dɛ stja	im pa ɾed: 'dʒa bi le
modestia	**impareggiabile,**
modesty	*incomparable*

bon 'ta	ke	vin: na 'mo ɾa
bontà	**che**	**v'innamora...**
goodness	*which*	*you causes to fall in love*

'a i	'mi ze ɾi	pje 'to za
Ai	**miseri**	**pietosa,**
to the	*poverty-stricken*	*merciful*

dʒen 'til	'dol tʃe	a mo 'ro za
gentil,	**dolce,**	**amorosa...**
gentle	*sweet*	*affectionate*

il   tʃɛl   la   'fat: ta   'naʃ: ʃe ɾe
Il   **ciel**   **l'ha**   **fatta**   **nascere**
the   *heaven*   *her has*   *made*   *to be born*

per   far   be 'a to   uŋ   kɔr
per   **far**   **beato**   **un**   **cor.**
in order   *to make*   *happy*   *a*   *heart*

L'ELISIR D'AMORE

music: Gaetano Donizetti
libretto: Felice Romani (after Eugène Scribe's libretto for Daniel-François Auber's *Le Philtre*)

Come Paride vezzoso

'ko me   'pa ɾi de   vet: 'tso zo   'pɔr se   il   'po mo
Come   **Paride**   **vezzoso**   **porse**   **il**   **pomo**
Like   *Paris*   *charming*   *offered*   *the*   *apple*

'al: la   pju   'bɛl: la
alla   **più**   **bella,**
to the   *most*   *beautiful woman*

'mi a   di 'lɛt: ta   vil: la 'nɛl: la
mia   **diletta**   **villanella,**
my   *beloved*   *peasant girl*

'i o   ti   'pɔr go   'kwe sti   fjor
io   **ti**   **porgo**   **questi**   **fior.**
I   *to you*   *[I] offer*   *these*   *flowers*

ma   di   'lu i   pju   glo ɾi 'o zo
Ma   **di**   **lui**   **più**   **glorioso,**
but   *than*   *he*   *more*   *glorious*

pju   di   'lu i   fe 'li tʃe   'i o   'so no
più   **di**   **lui**   **felice**   **io**   **sono,**
more   *than*   *he*   *happy*   *I*   *[I] am*

po i 'ke   in   'prɛ mjo   del   'mi o   'do no
poichè   **in**   **premio**   **del**   **mio**   **dono**
since   *in*   *reward*   *of the*   *my*   *gift*

ne   ri 'pɔr to
ne   **riporto**
from it   *I take back*

il   'tu o   bɛl   kɔr
il   **tuo**   **bel**   **cor.**
the   *your*   *beautiful*   *heart*

'veg: go   'kja ɾo   in   kwel   vi 'zi no
Veggo   **chiaro**   **in**   **quel**   **visino**
I see   *clear*   *in*   *that*   *little face*

'ki o   fɔ   'brɛt: tʃa   nel   'tu o   'pɛt: to
ch'io   **fo**   **breccia**   **nel**   **tuo**   **petto.**
that I   *[I] make*   *breach*   *in the*   *your*   *breast*

non   ε   'kɔ za   sor pren 'dɛn te
Non   **è**   **cosa**   **sorprendente;**
not   *it is*   *thing*   *surprising*

son   ga 'lan te   e   son   sar 'dʒen te
son   **galante,**   **e**   **son**   **sargente.**
I am   *galant*   *and*   *I am*   *sergeant*

non	va	'bɛl: la		ke	re 'zi sta
Non	**v'ha**	**bella**		**che**	**resista**
not	*there is*	*beautiful woman*		*who*	*may resist*

'al: la	'vi sta	dun	tʃi 'mjɛ ɾo
alla	**vista**	**d'un**	**cimiero;**
at the	*sight*	*of a*	*crest*

'tʃe de	a	'mar te	'di o	gwer: 'rjɛ ɾo
cede	**a**	**Marte,**	**Dio**	**guerriero,**
yields	*to*	*Mars*	*God*	*warrior*

	fin	la	'ma dre	del: la 'mor
	fin	**la**	**madre**	**dell'Amor.**
	even	*the*	*mother*	*of Love*

HAMLET

music: Ambroise Thomas

libretto: Jules Barbier and Michel Carré (after the tragedy by William Shakespeare)

Ô vin, dissipe la tristesse

o	vɛ̃	di si pœ	la	tri ste sœ
Ô	**vin,**	**dissipe**	**la**	**tristesse**
o	*wine*	*dissipate*	*the*	*sadness*

ki	pɛ zœ	syr	mɔ̃	kœr
qui	**pèse**	**sur**	**mon**	**cœur!**
which	*weighs*	*on*	*my*	*heart*

a	mwa	lɛ	rɛ vœ	dœ	li vrɛ sœ
À	**moi**	**les**	**rêves**	**de**	**l'ivresse**
to	*me*	*the*	*dreams*	*from*	*the intoxication*

e	lœ	ri rœ	mɔ kœr
et	**le**	**rire**	**moqueur!**
and	*the*	*laughter*	*mocking*

o	li kœ‿	rɑ̃ ʃɑ̃ tœ rɛ sœ
Ô	**liqueur**	**enchanteresse,**
o	*liquor*	*enchanting*

vɛr sœ	li vrɛ‿
verse	**l'ivresse**
pour	*the intoxication*

se	lu bli	dɑ̃	mɔ̃	kœr
et	**l'oubli**	**dans**	**mon**	**cœur!**
and	*the oblivion*	*into*	*my*	*heart*

du sœ	li kœr
Douce	**liqueur!**
sweet	*liquor*

la	vi	ɛ	sɔ̃ brœ
La	**vie**	**est**	**sombre;**
the	*life*	*is*	*gloomy*

lɛ‿	zɑ̃	sɔ̃	kur
les	**ans**	**sont**	**courts.**
the	*years*	*are*	*short*

dœ   no   bo   ʒur
De   nos   beaux   jours
of   our   beautiful   days

djø   sɛ   lœ   nɔ̃ brœ
Dieu   sait   le   nombre.
God   knows   the   number

ʃa kœ̃   e lɑs   pɔr‿   ti si bɑ
Chacun,   hélas!   porte   ici-bas
each one   alas   bears   here below

sa   lur dœ   ʃɛ nœ
sa   lourde   chaîne—
his   heavy   chain

kry ɛl   dœ vwar
cruels   devoirs,
cruel   obligations

lɔ̃   de zɛ spwar   dœ   lɑ‿   my mɛ nœ
longs   désespoirs   de   l'âme   humaine!
long   desperations   of   the soul   human

lwɛ̃   dœ   nu   nwar   pre za ʒœ
Loin   de   nous,   noirs   présages!
far   from   us   dark   forebodings

lɛ   ply   sa ʒœ   sɔ̃   lɛ   fu
Les   plus   sages   sont   les   fous!
the   most   wise   are   the   fools

a
Ah!
ah

lœ   vɛ̃   di si pœ   la   tri stɛ sœ
Le   vin   dissipe   la   tristesse
the   wine   dissipates   the   sadness

ki   pɛ zœ   syr   mɔ̃   kœr
qui   pèse   sur   mon   cœur!
which   weighs   on   my   heart

vɛr sœ nu   li vrɛ sœ
Verse-nous   l'ivresse!
pour on us   the intoxication

LE NOZZE DI FIGARO

music: Wolfgang Amadeus Mozart
libretto: Lorenzo da Ponte (after *La Folle Journée, ou Le Mariage de Figaro*, a comedy by Pierre Augustin Caron de Beaumarchais)

Hai già vinta la causa!... Vedrò mentr'io sospiro

ˈa i   dʒa   ˈvin ta   la   ˈka u za
Hai   già   vinta   la   causa!
you have   already   won   the   case

ˈkɔ za   ˈsɛn to
Cosa   sento!
what   I hear

in   kwal   ˈlat: tʃo   ˈi o   ka ˈde a
In   qual   laccio   io   cadea?
in   what   trap   I   fell

ˈper fi di
Perfidi!
traitors

ˈi o ˈvɔʎ: ʎo di tal ˈmɔ do pu ˈnir vi
Io voglio di tal modo punirvi;
I [I] want in such manner to punish you

a pja ˈtʃer ˈmi o la sen ˈtɛn tsa sa ˈra
a piacer mio la sentenza sarà.
at pleasure mine the judgement will be

ma ˈse i pa ˈgas: se la ˈvɛk: kja pre ten ˈdɛn te
Ma s'ei pagasse la vecchia pretendente?
but if he should pay the old claimant

pa ˈgar la in kwal man ˈjɛ ɾa
Pargarla! In qual maniera?
to pay her in what manner

e ˈpɔ i vɛ an ˈtɔ njo
E poi v'è Antonio,
and then there is Antonio

ke a un iŋ ˈkɔɲ: ɲi to ˈfi ga ɾo
che a un incognito Figaro
who to the uneducated Figaro

ri ˈku za di ˈda ɾe ˈu na ni ˈpo te in ma tri ˈmɔ njo
ricusa di dare una nipote in matrimonio.
refuses of to give a niece in marriage

kol ti ˈvan do lor ˈgoʎ: ʎo
Coltivando l'orgoglio
cultivating the pride

di ˈkwe sto men te ˈkat: to
di questo mentecatto,
of this fool

ˈtut: to ˈdʒo va a un rad: ˈdʒi ɾo
tutto giova a un raggiro.
everything is useful for an intrigue

il ˈkol po ɛ ˈfat: to
Il colpo è fatto.
the move is made

ve ˈdrɔ men ˈtri o so ˈspi ɾo
Vedrò, mentri'io sospiro,
I shall see while I [I] sigh for

fe ˈli tʃe un ˈsɛr vo ˈmi o
felice un servo mio?
happy a servant mine

e un bɛn ke in ˈvan de ˈzi o
E un ben che invan desio
and a dear one whom in vain I desire

ˈe i pos: se ˈder do ˈvra
ei posseder dovrà?
he to possess shall be permitted

ve ˈdrɔ   per   man   da ˈmo ɾe
Vedrò   **per**   **man**   **d'amore,**
I shall see   *through*   *hand*   *of love*

u ˈni ta   a   un   ˈvi le   od: ˈdʒɛt: to
unita   **a**   **un**   **vile**   **oggetto**
united   *to*   *a*   *miserable*   *object*

ki   in   me   de ˈstɔ   un   af: ˈfɛt: to
chi   **in**   **me**   **destò**   **un**   **affetto,**
one who   *in*   *me*   *awakened*   *an*   *affection*

ke   per   me   ˈpɔ i   non   a
che   **per**   **me**   **poi**   **non**   **ha?**
which   *for*   *me*   *then*   *not*   *she has*

ve ˈdrɔ   ke   un   bɛn   ˈki o   de ˈzi o
Vedrò   **che**   **un**   **ben**   **ch'io**   **desio,**
I shall see   *that*   *a*   *dear one*   *whom I*   *[I] desire*

ˈe i   pos: se ˈder   do ˈvra
ei   **posseder**   **dovrà?**
he   *to possess*   *shall be permitted*

ve ˈdrɔ
Vedrò?
I shall see

a   nɔ   laʃ: ˈʃar ti   in   ˈpa tʃe
Ah   **no!**   **lasciarti**   **in**   **pace**
ah   *no*   *to leave you*   *in*   *peace*

non   vɔ   ˈkwe sto   kon ˈtɛn to
non   **vo'**   **questo**   **contento.**
not   *I want*   *this*   *satisfaction*

tu   non   naʃ: ˈʃe sti   a u ˈda tʃe
Tu   **non**   **nascesti,**   **audace,**
you   *not*   *were born*   *audacious one*

per   ˈda ɾe   a   me   tor ˈmen to
per   **dare**   **a**   **me**   **tormento,**
for   *to give*   *to*   *me*   *torment*

e   ˈfor se   aŋ ˈkor   per   ˈri de ɾe
e   **forse**   **ancor**   **per**   **ridere**
and   *perhaps*   *also*   *for*   *to laugh*

di   ˈmi a   in fe li tʃi ˈta
di   **mia**   **infelicità.**
about   *my*   *unhappiness*

dʒa   la   spe ˈran tsa   ˈso la
Già   **la**   **speranza**   **sola**
already   *the*   *hope*   *alone*

ˈdel: le   ven ˈdet: te   ˈmi e
delle   **vendette**   **mie**
of the   *vengeances*   *mine*

kwes ˈta ni ma   kon ˈso la
quest'anima   **consola,**
this soul   *consoles*

e	dʒu bi ˈlar	mi	fa
e	**giubilar**	**mi**	**fa.**
and	*to rejoice*	*me*	*makes*

LA TRAVIATA
music: Giuseppe Verdi
libretto: Francesco Maria Piave (after the play *La Dame aux Camélias* by Alexandre Dumas fils)

Di Provenza il mar, il suol

di	pro ˈvɛn tsa	il	mar	il	swɔl
Di	**Provenza**	**il**	**mar,**	**il**	**suol**
of	*Provence*	*the*	*sea*	*the*	*soil*

ki	dal	kɔr	ti	kan tʃel: ˈlɔ
chi	**dal**	**cor**	**ti**	**cancellò?**
who	*from the*	*heart*	*from you*	*erased*

al	na ˈti o	ful ˈdʒɛn te	sol
Al	**natio**	**fulgente**	**sol**
from the	*native*	*resplendent*	*sun*

kwal	de ˈsti no	ti	fu ˈrɔ
qual	**destino**	**ti**	**furò?**
what	*destiny*	*you*	*took away*

o	ram: ˈmen ta	pur	nel	dwɔl
Oh	**rammenta**	**pur**	**nel**	**duol**
oh	*remember*	*yet*	*in the*	*sorrow*

ˈki vi	ˈdʒɔ ja	a	te	bril: ˈlɔ
ch'ivi	**gioia**	**a**	**te**	**brillò,**
that there	*joy*	*on*	*you*	*glowed*

e	ke	ˈpa tʃe	ko ˈla	sol
e	**che**	**pace**	**colà**	**sol**
and	*that*	*peace*	*there*	*only*

su	te	ˈsplɛn de ɾe	aŋ ˈkor	pwɔ
su	**te**	**splendere**	**ancor**	**può.**
upon	*you*	*to shine*	*still*	*is able*

ˈdi o	mi	gwi ˈdɔ
Dio	**mi**	**guidò!**
God	*me*	*guided*

a	il	ˈtu o	ˈvɛk: kjo	dʒe ni ˈtor
Ah,	**il**	**tuo**	**vecchio**	**genitor**
ah	*the*	*your*	*old*	*father*

tu	non	ˈsa i	ˈkwan to	sof: ˈfri
tu	**non**	**sai**	**quanto**	**soffrì!**
you	*not*	*[you] know*	*how much*	*he suffered*

te	lon ˈta no	di	sqwal: ˈlor
Te	**lontano,**	**di**	**squallor**
you	*far away*	*with*	*misery*

il	ˈsu o	ˈtet: to	si ko ˈpri
il	**suo**	**tetto**	**si coprì.**
the	*his*	*roof*	*became covered*

ma	se	al ˈfin	ti	ˈtrɔ vo	aŋ ˈkor
Ma	**se**	**alfin**	**ti**	**trovo**	**ancor,**
but	*if*	*in the end*	*you*	*I find*	*still*

se	in	me	ˈspɛ me	non	fal: ˈli
se	**in**	**me**	**speme**	**non**	**fallì,**
if	*in*	*me*	*hope*	*not*	*failed*

se	la	ˈvo tʃe	del: lo ˈnor
se	**la**	**voce**	**dell'onor**
if	*the*	*voice*	*of the honor*

in	te	ap: ˈpjɛn	non	am: mu ˈti
in	**te**	**appien**	**non**	**ammutì,**
in	*you*	*fully*	*not*	*became silenced*

ˈdi o	me za u ˈdi
Dio	**m'esaudì!**
God	*me has answered*

DIE ZAUBERFLÖTE

music: Wolfgang Amadeus Mozart
libretto: Emanuel Schikaneder (loosely based on a fairytale by Wieland)

Der Vogelfänger bin ich ja

de:ᵃ	ˈfo: gəl ˈfɛ ŋɚ	bɪn⇒	⇒nɪç	ja
Der	**Vogelfänger**	**bin**	**ich**	**ja,**
The	*bird catcher*	*am*	*I*	*truly*

ʃteːts	ˈlʊ stɪç	ˈhaɪ sa	ˈhɔp sa sa
stets	**lustig**	**heißa**	**hopsasa!**
always	*jolly*	*yippee*	*hippety hop!*

ɪç	ˈfo: gəl ˈfɛ ŋɚ	bɪn	bə ˈkannt
Ich	**Vogelfänger**	**bin**	**bekannt**
I	*bird catcher*	*am*	*known*

baɪ	alt⇒	ʊnt	jʊŋ	ɪm	ˈgan tsən	lant
bei	**Alt**	**und**	**Jung**	**im**	**ganzen**	**Land.**
by	*old*	*and*	*young*	*in the*	*whole*	*country.*

vaɪs	mɪt⇒	de:m	ˈlɔk⇒ kən	ˈʊm tsu: ˈge:n
Weiß	**mit**	**dem**	**Locken**	**umzugehn,**
(I) know	*with*	*the*	*bait*	*to deal,*

ʊnt⇒	mɪç	aʊfs	ˈpfaɪ fən	tsu:	fɛʁ ˈʃte:n
und	**mich**	**aufs**	**Pfeifen**	**zu**	**verstehn!**
and	*²)*	*the*	*pipes*	*to*	*skillfully play!*

drʊm	kan⇒	⇒nɪç	fro:	ʊnt	ˈlʊ stɪç	zaɪn
Drum	**kann**	**ich**	**froh**	**und**	**lustig**	**sein,**
Therefore	*can*	*I*	*happy*	*and*	*jolly*	*be*

dɛnn	ˈal⇒ lə	ˈfø: gəl	zɪnt⇒	ja:	maɪn
denn	**alle**	**Vögel**	**sind**	**ja**	**mein.**
for	*all*	*birds*	*are*	*truly*	*mine.*

aɪn⇒	nɛts	fy:ᵃ	ˈmɛ:⇒ tçən	ˈmœç tə	ɪç
Ein	**Netz**	**für**	**Mädchen**	**möchte**	**ich;**
A	*net*	*for*	*girls*	*would like*	*I;*

ɪç fɪŋ ziː 'duᴗ tsɛnt 'vaɪs fyːᵃ mɪç
ich fing sie dutzendweis für mich!
I would catch them by the dozen for myself!

dann 'ʃpɛr tə ɪç ziː baɪ miːᵃ aɪn
Dann sperrte ich sie bei mir ein,
Then would lock I them at my place for me up,

ʊnt 'alᴗ lə 'mɛːᴗ tçən 'vɛː rən maɪn
und alle Mädchen wären mein.
and all girls would be mine.

vɛnn 'alᴗ lə 'mɛːᴗ tçən wɛː rən maɪn
Wenn alle Mädchen wären mein,
If all girls would be mine,

zoː 'taʊʃ tə ɪç braːf tsʊkᴗ kɚ aɪn
so tauschte ich brav Zucker ein.
then traded I honestly for sugar. ¹)

diː 'vɛl çə miːᵃ am 'liːpᴗ stən vɛːʀ
Die welche mir am liebsten wär',
The one which to me the best would be,

deːᵃ gɛːᴗ ᴗbɪç glaɪç deːn 'tsʊkᴗ kɚ heːʀ
der gäb' ich gleich den Zucker her.
to her would hand I immediately the sugar over.

ʊnt 'kʏsᴗ stə ziː mɪç 'tsɛrtᴗ lɪç dann
Und küsste sie mich zärtlich dann,
And kissed she me tenderly then,

vɛːʀ ziː maɪn vaɪp ʊntᴗ ɪç iːᵃ mann
wär' sie mein Weib und ich ihr Mann.
were she my wife and I her husband.

ziː ʃliːf an maɪ nɚ 'zaɪ tə aɪn
Sie schlief an meiner Seite ein;
She fell asleep at my side; ¹)

ɪç 'viːk tə viː aɪn kɪnᴗ ᴗtsi aɪn
ich wiegte wie ein Kind sie ein.
I would rock like a child her to sleep.

¹) Prefixes to the verbs "eintauschen" (trade, exchange), "einschlafen" (fall asleep)
²) Relative pronoun to the verb "sich verstehen auf ..." (be skillfull in doing something)

Ein Mädchen oder Weibchen

aɪn 'mɛːᴗ tçən oː dɚ 'vaɪᴗ pçən
Ein Mädchen oder Weibchen
A sweetheart or little wife

vʏnʃt pa pa 'geː noː zɪç
wünscht Papageno sich.
wishes Papageno for himself.

oː zoː aɪn 'zanᴗ ftəs 'tɔyᴗ pçən
O, so ein sanftes Täubchen
Oh, such a tender little dove

vɛːr 'zeː liç kaɪt fyːᵃ mɪç
wär' **Seligkeit** **für** **mich.**
would be *bliss* *for* *me.*

dan 'ʃmɛk tə miːᵃ 'trɪŋ kən ʊnt ɛs⇒ sən
Dann **schmeckte** **mir** **Trinken** **und** **Essen;**
Then *enjoyed* *I* *drinking* *and* *eating;*

dan kœn⇒ tɪç mɪt 'fʏr stən mɪç 'mɛs⇒ sən
dann **könnt'** **ich** **mit** **Fürsten** **mich** **messen,**
then *could* *I* *with* *counts* *myself* *rank,*

dɛs 'leː bəns als 'vaɪ zɚ mɪç frɔyn
des **Lebens** **als** **Weiser** **mich** **freun,**
(the) *life* *as a* *wise man* ²⁾ *enjoy,*

ʊnt viː ɪm eː 'lyː ziʊm zaɪn
und **wie** **im** **Elysium** **sein.**
and *like* *in (the)* *Elysium* *be.*

ax 'kan ⇒nɪç dɛn 'kaɪ nɚ fɔn al⇒ lən
Ach, **kann** **ich** **denn** **keiner** **von** **allen**
Ah, *can* *I* *after all* *no one* *of* *all*

deːn 'raɪ tzən dən 'mɛː⇒ tçən gə fal⇒ lən
den **reizenden** **Mädchen** **gefallen?**
the *charming* *girls* *please?*

hɛlf 'aɪ nə miːᵃ nuːᵃ aʊs deːᵃ noːt
Helf' **eine** **mir** **nur** **aus** **der** **Not,**
If helps *one* *me* *only* *out* *of (my)* *need,*

zɔnst 'grɛː ⇒mɪç mɪç 'vaːr lɪç tsuː toːt
sonst **gräm'** **ich** **mich** **wahrlich** **zu** **Tod.**
or else *will suffer* *I* ²⁾ *surely* *to* *death.*

vɪrt 'kaɪ nə miːᵃ 'liː bə gə 'vɛː rən
Wird **keine** **mir** **Liebe** **gewähren,**
Will *no one* *me* *love* *grant,*

zoː mʊs mɪç diː 'flam⇒ mə fɛʀ 'tseː rən
so **muss** **mich** **die** **Flamme** **verzehren;**
or *must* *me* *the* *flame* *consume;*

dɔx kʏst⇒ mɪç⇒ aɪn vaɪ⇒ plɪçɚ mʊnt
doch **küsst** **mich** **ein** **weiblicher** **Mund,**
but *if kisses* *me* *a* *female* *mouth,*

zoː bɪn⇒ ɪç ʃoːn 'viː dɚ gə 'zʊnt
so **bin** **ich** **schon** **wieder** **gesund.**
then *will be* *I* *quickly* *again* *well.*

---

²⁾ Reflexive pronouns to the verbs "sich freuen" (enjoy) and "sich grämen" (suffer), which are not reflexive in English. Therefore "sich" is not translated.

Donne mie, la fate a tanti

from
COSÌ FAN TUTTE

Wolfgang Amadeus Mozart

ver vi deg - gio dir, se si la - gna - no gli a - man - ti li com -

min - cio a com - pa - tir, li com - min - cio a com - pa - tir.

Io vo' be - ne al ses - so vo - stro —

lo sa - pe - te, o - gnun lo sà. O - gni

gior - no ve lo mo - stro, ve lo mo - stro, ve lo mo - stro; vi do

se - gno d'a - mi - stà, ve lo mo - stro,

ve lo mo - stro; vi do se - gno d'a - mi - stà, vi do

se - gno d'a - mi - stà. Ma quel far - la a tan - ti e

tan - ti, a tan - ti e tan - ti, m'av - vi - li - sce in ve - ri -

tà, m'av - vi - li - sce in ve - ri - tà.

Mil - le vol - te il bran - do pre - si

per sal - var il vo - stro o - nor; mil - le vol - te,

mil - le vol - te, mil - le vol - te vi di -

p

fe - si col - la boc-ca e più col cor. Ma quel

far - la a tan - ti e tan - ti a tan - ti e tan - ti è un vi -

ziet - to sec - ca - tor, è un vi - ziet - to sec - ca -

te - sta si - no_ai piè.   Ma, ma, ma, la

fa - te_a tan - ti_e tan - ti,_a tan - ti_e tan - ti   che cre -

di - bi - le non è,   che cre - di - bi - le non

è. Io vo' be - ne_al ses - so vo - stro;   ve lo

fe-si. Gran te - so - ri il ciel vi diè, si - no ai

piè. Ma, ma, ma, la fa-te a tan-ti e

tan - ti, a tan-ti e tan-ti, a tan-ti, la fa-te a tan-ti e

Fin ch'han dal vino
from
DON GIOVANNI

Wolfgang Amadeus Mozart

Presto

DON GIOVANNI:

Fin ch'han dal vi - no cal - da la te - sta,

u - na gran fe - sta fa' pre-pa - rar. Se tro-vi in piaz - za

qual - che ra - gaz - za, te - co an-cor quel - la cer - ca me - nar,

lar, chi_____ la fol - li - a fa - rai bal - lar, chi_____

_____ l'a - le - man - na fa - rai bal - lar. Ed io fra tan - to

dall' al - tro can - to con que-sta e quel - la vo'a - mo - reg -

giar, vo'a - mo - reg - giar, vo'a - mo - reg - giar._____

Ah, la mia li - sta do - man mat - ti - na d'u - na de -

ci - na de - vi au-men - tar.   Ah, la mia

li - sta d'u - na de - ci - na de - vi au-men - tar.

Se tro-vi in piaz - za qual - che ra - gaz - za, te co an-cor

46

de - vi au-men- tar,_____ de - vi au-men- tar,_____ de - vi au-men- tar,_____

de - vi, de - vi au - men - tar.

cresc.

Deh, vieni alla finestra

from
DON GIOVANNI

Wolfgang Amadeus Mozart

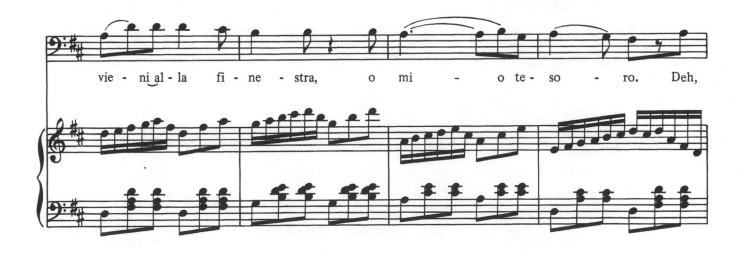

Se ne- ghi a me___ di dar qual-

che ri- sto - ro, da-van - ti a -gli oc-chi tuoi mo -

rir___ vo - gl'i - o. Tu

ch'hai___ la boc - ca dol - ce più_____ che il mie - le___

tu che il zuc-che-ro por - ti in mez - zo al co - - re—

non es - ser, gio - ia mia, con

me cru-de - le. La - scia-ti al-men— ve -der, mio

bell'— a - mo - re.

Bella siccome un angelo

from

DON PASQUALE

Gaetano Donizetti

Al - ma in - no - cen - te, in - ge - nu - a, che sè me-des-ma i-gno - ra, mo - de - stia im-pa-reg-gia-bi - le, bon-tà _____ che v'in - na - mo - ra. Ai mi - se - ri pie-to - sa, gen - til, dol - ce, a - mo - ro-sa... ____ Il ciel l'ha fat - ta

na - sce - re per far be - a - to un cor, be - a - to un

cor, il ciel l'ha fat - ta na - sce - re per far be - a - to un cor, per far be - a - to un

string.

string.

cor, il ciel l'ha fat-ta na - sce - re per far be - a-to, be - a - -

rall. *a tempo*

rall. *a tempo*

- - - to,__ per far be - a - to__ un__ cor.

Come Paride vezzoso

from
L' ELISIR D'AMORE

Gaetano Donizetti

Larghetto

BELCORE:

Co - me Pa - ri - de vez -

zo - so por - se il po - mo al - la più bel - la, mia di -

let - ta vil - la - nel - la, io ti por - go___ que - sti

fior. Ma di lui più glo - ri - o - so, più di

lui fe - li - ce_io so - no, poi - chè_in pre - mio_ del_ mio do -

no, poi - chè_in premio del mio do - no ne ri - por - to_il tuo_ bel_

Andantino

cor.

Veg - go chia - ro_in quel vi -

si - no   ch'io fo brec - cia_ nel_ tuo_ pet - to.

Non è co - sa sor - pren - den - te;   son ga -

colla voce

lan - te,   e_ son_ sar - gen - te.   Non v'ha bel - la che re -

si - sta al - la vi - sta d'un_ ci - mie - ro;   ce - de a Mar - te, Dio guer -

59

Ô vin, dissipe la tristesse

from

HAMLET

Ambroise Thomas

HAMLET:

Ô vin, dis - si - pe la tris - tes - se qui pè - se sur mon cœur!_____ À moi les rê - ves de l'i - vres - se_____ et le ri - re mo - queur! Ô li - queur en - chan - te - res - se, ver - se l'i - vresse et l'ou - bli dans mon

Un poco animato

La vie est som - bre; les ans sont courts.

De nos beaux jours Dieu sait le

nom - bre. Cha - cun, hé - las!

queur en - chan - te - res - se, ver - se l'i-

vresse et l'ou - bli dans mon cœur! Ver - se - nous l'i-

cresc.   sf   ff

vres - se!   ff

Hai già vinta la causa!... Vedrò mentr'io sospiro

from

LE NOZZE DI FIGARO

Wolfgang Amadeus Mozart

Maestoso

ALMAVIVA:

Hai già vin - ta la cau - sa!   Co - sa sen - to!

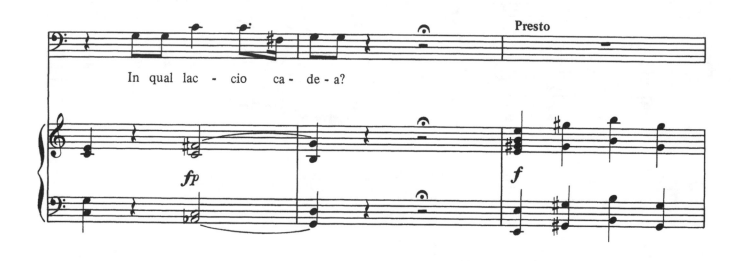

In qual lac - cio ca - de - a?   **Presto**

Per - fi - di!   Io vo - glio,   io vo-glio di tal mo-do pu -

70

E poi v'è An-to-nio, che all' in - co - gni-to Fi - ga-ro ri - cu - sa   di

da - re u-na ni - po-te in ma-tri - mo-nio.

Col - ti - van - do l'or -

go-glio di que-sto men - te - cat - to,

* Appoggiatura possible

tut - to gio - va a un rag-

gi - ro.

cresc. *f*

p *sf* *sf* *p* *cresc.*

Allegro maestoso

Il col-po è fat - to.

f

Ve - drò, men-tr'io so-

p

tr

spi - ro, fe - li - ce_un ser - vo

cresc.

mi - o?

f

p

tr

E_un ben che_in-van de - si - o

cresc.

f

ei pos - se-der do - vrà? Ve - drò per man d'a-

sfp

p

mo - re, u - ni - ta a un vi - le og - get - to chi in

me de - stò un af - fet - to, che per me poi non

ha, che per me poi non ha? Ve -

drò, men-tr' io so - spi - ro, fe - li - ce un ser - vo

mi - o? Ve - drò che un ben ch'io de - si - o,— ei

pos - se - der do - vrà? Ve - drò per man d'a -

mo - re, u - ni - ta a un vi - le og - get - to chi in

me de - stò un af - fet - to, che per me poi non

ha, che per me poi non ha? Ve-

drò? Ve - drò? Ve - drò? Ve-

cresc.

f

Allegro assai

drò? Ah no! la - sciar - ti in pa - ce non

p

f

vo' que-sto con - ten - to. Tu non na - sce - sti au-

p

f

p

Già la spe - ran - za so - la del - le ven - det - te

mi - e quest' a - ni - ma con - so - la, e

cresc.

giu - bi - lar mi fa,— e— giu - bi - lar, e giu - bi - lar mi

p *f* *p*

fa. Ah,——— che la-sciar-ti in pa - ce non vo' que-sto con - ten - to.

f *p*

78

Tu non na - sce - sti_au - da - ce, per da - re_a

me tor - men - to, e for - se_an-cor per

ri - de - re, per ri - de - re di mia_in - fe -

li - ci - tà. Già la spe-ran - za so - la

del - le ven -det - te mi - e quest' a - ni - ma con -

cresc.

so - la, e giu - bi - lar mi fa,___ e___ giu - bi -

f *p*

lar, e giu - bi - lar mi fa,___ e___ giu - bi -

f *p*

lar,___

e giu - bi - lar_____ mi

fa,   e giu - bi - lar mi fa,   e

giu - bi - lar mi fa.

Di Provenza il mar, il suol

from
LA TRAVIATA

Giuseppe Verdi

sti - no ti fu - rò, qual de - sti - no ti fu - rò, al na -

tio ful - gen - te sol? Oh ram - men - ta pur nel duol ch'i - vi

gio - ia_a te bril - lò, e che pa - ce co - là sol su te

splen - de_an - cor può, e che pa - ce co - là sol su te

splen-de - re an-cor può.

Dio mi gui - dò,

con forza

Dio mi gui-dò! Dio mi gui - dò!

Ah, il tuo

vec-chio ge - ni-tor tu non sai quan-to sof-frì, tu non

sai quan - to sof - frì il tuo vec - chio ge - ni - tor! Te lon -

ta - no, di squal - lor il suo tet - to si co - prì, il suo

tet - to si co - prì di squal - lo - re, di squal - lor. Ma se al -

fin ti tro - vo an-cor, se in me spe - me non fal - lì, se la vo - ce dell' o - nor in te ap-

Ein Mädchen oder Weibchen
from
DIE ZAUBERFLÖTE

Andante

Wolfgang Amadeus Mozart

kann ich denn kei - ner von al - len den rei - zen-den Mäd-chen ge - fal - len? Helf'

ei - ne mir nur aus der Not, ——— sonst gräm' ich mich wahr - lich zu

cresc.

fp

Tod.   Ach, kann ich   denn kei - ner   ge - fal - len? Helf'

8va   *8va*   *8va*

ei - ne mir nur aus der Not, —— sonst gräm' ich mich wahr-lich zu Tod,

cresc.   *fp*   *8va*

mich wahr-lich zu Tod,   mich wahr-lich zu Tod.

Andante

Ein Mäd-chen o - der Weib - chen wünscht

Pa - pa - ge - no— sich.   O, so ein sanf - tes Täub - chen— wär'

92

sund. Doch küßt mich ein weib - lich er Mund,—— so

bin ich schon wie-der ge - sund,—— so bin ich schon wie-der ge - sund,

schon wie-der ge - sund, schon wie-der ge - sund.

Der Vogelfänger bin ich ja

from

DIE ZAUBERFLÖTE

Wolfgang Amadeus Mozart

PAPAGENO:

1. Der— Vo - gel - fän - ger— bin ich ja, stets—
2. Der— Vo - gel - fän - ger— bin ich ja, stets—
3. Wenn— al - le Mäd - chen— wä - ren mein, so—

lu - stig hei - ßa hop - sa - sa! Ich Vo - gel - fän - ger— bin be - kannt bei
lu - stig hei - ßa hop - sa - sa! Ich Vo - gel - fän - ger— bin be - kannt bei
tausch - te ich brav Zuk - ker ein. Die wel - che— mir— am lieb - sten wär,' der

Alt und Jung im gan - zen Land.   Weiß—mit dem Lok - ken—
Alt und Jung im gan - zen Land.   Ein—Netz für Mäd - chen—
gäb' ich gleich den Zuk - ker her.   Und—küß - te sie—mich—

um - zu - gehn, und mich aufs Pfei - fen zu ver - stehn!
möch - te ich; ich fing sie du - tzend - weis für mich!
zärt - lich dann, wär' sie mein Weib und ich ihr Mann.

8va-

Drum kann ich froh und lu - stig sein, denn al - le Vö - gel
Dann sperr - te ich sie bei mir ein, und al - le Mäd - chen
Sie schlief an mei - ner Sei - te ein; ich wieg - te wie ein

8va -

sind ja mein.
wä - ren mein.
Kind sie ein.

8va- *8va-*

f